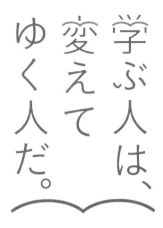

学ぶ人は、
変えて
ゆく人だ。

目の前にある問題はもちろん、

人生の問いや、

社会の課題を自ら見つけ、

挑み続けるために、人は学ぶ。

「学び」で、

少しずつ世界は変えてゆける。

いつでも、どこでも、誰でも、

学ぶことができる世の中へ。

旺文社

7日でできる！

文部科学省後援

英検®3級
二次試験・面接
完全予想問題
［改訂版］

旺文社

Online Newspapers

Reading online newspapers is a good way to get information. Many people want to get information quickly, so they like to read online newspapers. They can read them on their smartphones anytime, anywhere.

Gardens

People can do many things in the garden. Many people plant trees and flowers, and some people like to have parties with their friends in the garden. Growing vegetables or fruits there is also popular.

Festivals in Summer

Many towns and cities in Japan have festivals in summer. People can watch many kinds of shows, so they have a good time at summer festivals. Some people sing or dance with their friends.

Watching Movies

Watching movies is a popular hobby. Many people go to theaters to see new movies and talk about the stories with their friends later. Some people rent DVDs and enjoy watching them at home.

School Trips

School trips are popular with Japanese students. Many students visit famous places in Japan, and some students go to other countries. Students travel with their friends and teachers, so they enjoy their school trips.

Computer Games

There are many kinds of computer games. Many people play computer games at home, and some people enjoy playing online games with their friends. Playing computer games is a good way to relax.

Fishing

In Japan, there are many good places for fishing. Many people go fishing in rivers near their house, and some people try to catch big fish in the sea. Fishing in lakes is also popular.

英検の二次試験である面接試験に臨むにめたっっ，受験者のみなさんはどういったことを知りたいでしょうか。「試験の傾向は？」「試験の流れは？」などさまざまあると思います。本書はこのようなみなさんの「知りたい」に応えるべく制作されました。

本書の特長は以下のとおりです。

▶ 予想問題で傾向をつかむ！

問題編には7回分の予想問題を収録しています。実際に声に出して解き，解説をしっかり読んで，面接試験を攻略しましょう。

▶ 動画で面接試験の流れを把握する！

「面接試験が実際にはどのように行われるかわからないため不安」という受験者の方のために，動画を制作しました。動画には面接室での試験の様子はもちろん，会場に到着してから会場を出るまでを映像で収録してありますので，初めての受験で不安な方はぜひ一度ご覧ください。

▶ ウェブ模試で英検 S-CBT 対策もできる！

英検 S-CBT の体験ができる「旺文社 英検対策ウェブ模試」に対応しています。

最後に，本書の刊行にあたり多大なご協力をいただきました，敬愛大学教授・英語教育開発センター長 向後秀明先生に，深く感謝の意を表します。

旺文社

もくじ

問題カード ———————————————————— カラー口絵

本書の構成と利用法 ———————————————— **4**

音声について ——————————————————— **5**

動画について ——————————————————— **7**

ウェブ模試について ————————————————— **8**

準備編

面接試験を知ろう！

面接試験について ————————————————— **12**

面接試験の流れ —————————————————— **14**

面接試験　よくある質問 ———————————————— **18**

英検S-CBTのスピーキングテストについて ——————— **20**

出題内容 ————————————————————— **22**

問題編

Day 1　Online Newspapers「オンラインの新聞」……… 30

Day 2　Gardens「庭」……… 38

Day 3　Festivals in Summer「夏の祭り」……… 46

Day 4　Watching Movies「映画鑑賞」……… 54

Day 5　School Trips「修学旅行」……… 62

Day 6　Computer Games「コンピューターゲーム」……… 70

Day 7　Fishing「魚釣り」……… 78

3級　面接試験の学習方法 ……… 86

3級　面接　重要構文・語句 ……… 88

執筆：向後秀明（敬愛大学）
編集協力：株式会社シ・レップス，久鳥智津子，Sarah Matsumoto
問題作成：株式会社シ・レップス
本文デザイン：尻引美代
イラスト：有限会社アート・ソーク
装丁デザイン：内津　剛（及川真咲デザイン事務所）
動画制作：株式会社ジェイルハウス・ミュージック
録音：ユニバ合同会社

●本書の構成と利用法

本書の問題編の各 Day の構成と利用法は以下のとおりです。

このDayで取り組む問題です。英文とイラストは口絵でも見ることができます。

重要語句
問題に出てきた，覚えておきたい語句をピックアップしました。分からなかったものは覚えるようにしましょう。

音読の攻略
音読をするときの注意点を細かく示してあります。注意点にしたがって，声に出して何度も練習しましょう。解説中の記号の意味は次のとおりです。
太字の単語 … 文の中で強く読む部分
➴ …アクセントに注意したい部分
（➘）,（→）… イントネーションの高低
/, // …読むときの区切り

パッセージとイラストのポイント
No. 1 〜 No. 3 の質問に答えるためにはパッセージとイラストの内容をきちんと理解することが大切です。それぞれの内容を正確に把握できているか，確認しましょう。

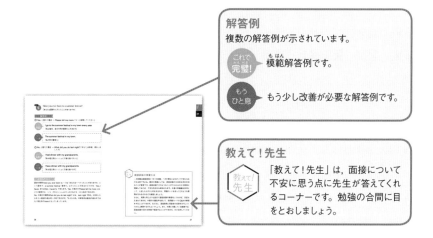

解答例
複数の解答例が示されています。

これで完璧! 模範解答例です。

もうひと息 もう少し改善が必要な解答例です。

教えて！先生
「教えて！先生」は，面接について不安に思う点に先生が答えてくれるコーナーです。勉強の合間に目をとおしましょう。

○音声について

音声を聞くことのできるところは書籍内で $\bigcap 1$ と表示しています。

準備編

| $\bigcap 1 \sim \bigcap 4$ | 面接試験の流れ |
| $\bigcap 5 \sim \bigcap 6$ | 出題内容 |

問題編

$\bigcap 7 \sim \bigcap 14$	Day **1**	$\bigcap 39 \sim \bigcap 46$	Day **5**
$\bigcap 15 \sim \bigcap 22$	Day **2**	$\bigcap 47 \sim \bigcap 54$	Day **6**
$\bigcap 23 \sim \bigcap 30$	Day **3**	$\bigcap 55 \sim \bigcap 62$	Day **7**
$\bigcap 31 \sim \bigcap 38$	Day **4**	$\bigcap 63 \sim \bigcap 81$	3級　面接 重要構文・語句

● 各 Day の Questions No. 1 ～ No. 5 の解答例は,『これで完璧!』の解答例のみ収録しています。

● 各 Day は以下のような流れで収録しています。

Day 1 の場合

$\bigcap 7$ ………… パッセージの黙読指示と, 黙読時間 (20秒)

$\bigcap 8$ ………… パッセージの音読

$\bigcap 9$ ………… 質問 (ポーズは各10秒, 必要に応じて音声を一時停止してご利用ください)

$\bigcap 10 \sim \bigcap 14$ ………… 質問と解答例 (解答例は『これで完璧!』を収録しています)

再生方法 以下の2とおりでご利用いただくことができます。

CDで再生

本書に付属しているCDを再生してください。

※CDの裏面には，指紋，汚れ，傷などがつかないよう，お取り扱いにご注意ください。一部の再生機器（パソコン，ゲーム機など）では再生に不具合が生じることがありますのでご注意ください。

旺文社リスニングアプリ「英語の友」（iOS/Android）で音声再生

1 「英語の友」公式サイトより，アプリをインストールします。

https://eigonotomo.com/

（右の QR コードからもアクセスできます）

2 アプリ内の「書籍音源」より「書籍を追加」ボタンを押し，ライブラリを開きます。

3 ライブラリより本書を選択し，「追加」ボタンを押します。

> **「英語の友」スピーキング機能について**
> スピーキング機能を利用すると，本書に収録している「出題内容」（p. 22 ～ 28）のテキストを読み上げて発音判定することができます。

※本アプリの機能の一部は有料ですが，本書の音声・スピーキング機能は無料でご利用いただけます。
※アプリの詳しいご利用方法は「英語の友」公式サイト，あるいはアプリ内のヘルプをご参照ください。
※本サービスは予告なく終了されることがあります。

● 動画について

収録内容 DVD・ウェブサイト上にて，以下の内容の動画を提供しています。

会場に到着してから会場を出るまでの，面接に関するすべてのシーンを見ることができます。全体の流れを把握できるだけでなく，会場での注意点なども詳しく解説しています。

面接のシミュレーションを行うことができます。解答用のポーズを設けてありますので，実際に試験に臨む気持ちでチャレンジしてみましょう。シミュレーションで使用されている問題は，本書の「準備編」にある「出題内容」に掲載されている問題と同じです。

※動画の内容のすべては，旺文社が独自に取材をして企画・構成されたものです。実際とは異なる可能性があることをあらかじめご了承ください。

視聴方法

DVDで再生

本書に付属しているDVDを再生してください。
※DVDの裏面には，指紋，汚れ，傷などがつかないよう，お取り扱いにご注意ください。一部の再生機器（パソコン，ゲーム機など）では再生に不具合が生じることがありますのでご注意ください。

ウェブサイトで再生

以下のURLにアクセスします。
https://www.obunsha.co.jp/service/eiken_mensetsu/
ご購入された級を選択します。

「面接の流れを知ろう」「面接のシミュレーションをしよう」いずれかの動画を選び，以下のパスワードを入力します。
hY7tPD

※この視聴サイトの使用により生じた，いかなる事態にも一切責任は負いかねます。
※Wi-Fi環境でのご利用をおすすめいたします。
※本サービスは予告なく終了されることがあります。

●ウェブ模試について

本書では，英検S-CBTの疑似体験ができる「旺文社 英検対策ウェブ模試」を提供しています。

● 本書の各Dayに掲載されているのと同じ問題7セットを，パソコンを使ってウェブ上で解くことができます。
● 解答を保存でき，復習ができます。（スコア判定の機能はありません）
● 特定の問題だけを選んで練習することもできます。

利用方法

❶ 以下のURLにアクセスします。

https://eiken-moshi.obunsha.co.jp/

❷ 利用規約を確認し，氏名とメールアドレスを登録します。

❸ 登録したアドレスにメールが届きますので，記載（きさい）されたURLにアクセスし，登録を完了（かんりょう）します。

❹ 本書を選択し，以下の利用コードを入力します。

hY7tPD

❺ 以降の詳（くわ）しいご利用方法は，次ページの説明と，ウェブ模試内のヘルプをご参照ください。

推奨動作環境（すいしょう どうさ かんきょう）

対応OS：Windows 11，10，macOS 10.8以降

ブラウザ：

Windows OSの場合：最新バージョンのMicrosoft Edge, Google Chrome

macOSの場合：最新バージョンのGoogle Chrome

インターネット環境（かんきょう）：ブロードバンド　画面解像度：1024×768以上

ブラウザの機能利用には，JavaScript，Cookieの有効設定が必要です。

● スマートフォンやiPadなどのタブレットからはご利用いただけません。
● ご利用のパソコンの動作や使用方法に関するご質問は，各メーカーまたは販売店様（はんばいてん）にお問い合わせください。
● この模試サービスの使用により生じた，いかなる事態にも一切責任は負いかねます。
● Wi-Fi環境でのご利用をおすすめいたします。
● Warm-upを割愛するなど，実際の試験とは異なる点があります。
● 本サービスは予告なく終了されることがあります。

旺文社 英検対策ウェブ模試の進め方

まず，前ページにある説明に従って，ユーザー登録，書籍の登録をします。
それが済んだら，「実践」「練習」のどちらを受けるか決めます。

(実践) 本番のように最初から最後までとおして受けたい場合に選択してください。途中で休憩することも可能です。再開したときに続きから解答することができます。

(練習) 特定の問題だけ選んで解きたい場合に選択してください。

以下，「実践」を選んだ場合の進め方について説明します。
　最初に，ヘッドセットの音量調整があります。聞こえてくる音量を調整した後，マイクに向かって話しかけ，マイクの音量を調整します。
　以降，画面の指示に従って，マイクに解答を吹き込んでいきます。

自分の解答が保存されていますので，後で確認することができます。本書の解説を読んで，自分の解答に何が足りなかったのかを確認しましょう。

準備編

「準備編」では英検3級面接試験の問題が
どのような形式で出題されるのか,
どのように進行するのかを確認しましょう。
英検S-CBTのスピーキングテストの
注意点もまとめました。

※本書の内容は, 2021年10月時点の情報に基づいています
　受験の際には, 英検ウェブサイト等で最新の情報をご確認ください。

面接試験について

英検3級の試験形式と面接試験の試験時間，評価対象の1つであるアティチュードについてまとめています。学習を始める前に把握（はあく）しましょう。

■英検3級試験形式

技能	形式	満点スコア
リーディング	短文の語句空所補充（ほじゅう） 会話文の文空所補充（ほじゅう） 長文の内容一致選択（いっちせんたく）	550
ライティング	英作文	550
リスニング	会話の応答文選択（せんたく） 会話の内容一致選択（いっちせんたく） 文の内容一致選択（いっちせんたく）	550
スピーキング（面接）	**音読** 問題カードに掲載（けいさい）されたパッセージを音読する **No.1** 問題カードに掲載（けいさい）されたパッセージについての質問に答える **No.2/3** 問題カードに掲載（けいさい）されたイラスト内の人物の行動や物の状況（じょうきょう）を描写（びょうしゃ）する **No.4/5** 日常生活に関連した受験者自身に関する質問に答える	550

本書で学習するのはココ

■面接試験の試験時間
約5分

● アティチュードって何？

ナレーションやQuestionsの応答に加えて，「アティチュード」が評価対象になっています。アティチュード（attitude）は「態度・姿勢」という意味ですが，具体的には次のような点が評価の対象になっています。

1 積極性
—— 自己表現やコミュニケーションを持続させようとする意欲など

自分の発話内容を理解してもらえるように，十分に自己表現しているか。
語いや文法の点で言いたいことがストレートに英語にならなくても，そこであきらめることなく，自分が持っている言語知識をすべて活用して言いかえなどをしながら表現し，コミュニケーションを続けようとしているか。

2 明瞭な音声
—— 適切な声の大きさ，発話の明瞭さなど

相手が聞き取りに困難を感じない程度の音量で話しているか。
はっきりと明瞭に話しているか。

3 自然な反応
—— 応答のスムーズさ，不自然な間の排除など

面接委員から質問された後に，スムーズに応答できているか。
発話の途中で不自然に長い間を置いていないか。
むやみに何度も聞き返していないか。

以上のような点に留意すればいいのですが，入念に準備をして試験に臨み，「合格したい」という前向きな気持ちを持っていれば，これらのポイントはおのずとクリアできるものです。過度に心配する必要はありません。

面接試験の流れ

ここでは，面接室での試験の流れを，入室から退室まで順を追って見ていきます。
問題部分以外の面接委員との英語でのやりとりも掲載してありますので，あわせて
確認しておきましょう。

1 入室〜着席

1	控え室で記入した面接カードを持って， 係員の案内で面接室前へ移動する。

2	面接室前の廊下で順番を待ち，係員の指示で面接室に入る。

3	面接室のドアをノックして入室後，面接委員に面接カードを手わたし， 面接委員の指示で着席する。

CHECK!
■ドアを開けて，Hello.，もしくは午前の試験であればGood morning.，
午後の試験であればGood afternoon. というあいさつから始めます。
入室する前にMay I come in? と言ってもかまいません。
■着席したら，手荷物は自分の席の脇に置きましょう。

3 ▶ 面接委員： Hello. 「こんにちは」

受験者： Hello. 「こんにちは」

面接委員： Can I have your card, please?
「あなたのカードをいただけますか」

受験者： Yes. Here you are. 「はい。どうぞ」

面接委員： Thank you. Please have a seat.
「ありがとうございます。座ってください」

受験者： Thank you. 「ありがとうございます」

● 2 氏名と受験級の確認

1	氏名の確認をする。

2	受験級の確認をする。

3	簡単なあいさつをする。

自分の名前はMy name is ... と答えましょう。
面接委員をきちんと見て話しましょう。

1 ▶ 面接委員： My name is Yoshio Tamura. May I have your name, please?
「私の名前はタムラヨシオです。あなたのお名前をお願いします」

受験者： My name is Akiko Yamada.
「私の名前はヤマダアキコです」

2 ▶ 面接委員： Ms. Yamada, this is the Grade 3 test, OK?
「ヤマダさん、これは3級のテストですが、よろしいですか」

受験者： OK. 「はい」

3 ▶ 面接委員： How are you today? 「今日の調子はどうですか」
受験者： I'm fine. 「元気です」
面接委員： Good. 「それはよかったです」

3 問題カードの黙読と音読

---

1 問題カードを面接委員から受け取る。

2 面接委員の指示に従い,
20秒間で問題カードのパッセージ（英文）を黙読する。

3 面接委員の指示に従い，パッセージを音読する。

CHECK!
- 20秒の黙読時間では，パッセージをひととおり読み，概容を理解しましょう。もし時間が余ったら，イラストの確認もしておきましょう。
- 音読では，パッセージのタイトルも忘れずに読みましょう。
- 音読では，意味のまとまり（区切り）や個々の単語の発音に注意しながら，ゆっくりと面接委員にはっきりと伝わる声で読むように心がけましょう。

---

1 ▶ 面接委員： Let's start the test. Here's your card.
「それではテストを始めましょう。これがあなたの問題カードです」

受験者： Thank you. 「ありがとうございます」

2 ▶ 面接委員： Please read the passage silently for 20 seconds.
「20秒間でパッセージを黙読してください」

〈 20秒後 〉

3 ▶ 面接委員： Please read it aloud.
「声に出してパッセージを読んでください」

4 Q&A ～ 退室

1	No 1 ～ No. 3の質問をされる。
2	No. 3の応答が終わったら，問題カードを裏返すように指示される。
3	No. 4とNo. 5の質問をされる。
4	No. 5の応答が終わったら，問題カードを返却するように指示される。
5	あいさつをして退室する。

No. 4とNo. 5の質問には問題カードを見ないで解答するので，面接委員の目を見ながら答えるようにしましょう。
面接委員に問題カードを返却するのを忘れないようにしましょう。

1 ▶ 面接委員： Now, I'll ask you 5 questions.
「では，これから5つの質問をしていきます」

〈 中略：No. 1 ～ No. 3の質問 〉

2 ▶ 面接委員： Now, Ms. Yamada, please turn the card over.
「それではヤマダさん，問題カードを裏返してください」

〈 中略：No. 4とNo. 5の質問 〉

4 ▶ 面接委員： This is the end of the test. Could I have the card back, please?
「これで試験は終了です。問題カードを返却してくださいますか」

受験者： Here you are. 「どうぞ」

5 ▶ 面接委員： Thank you. You may go now.
「ありがとうございます。もう退室して結構です」

受験者： Thank you. 「ありがとうございます」

面接委員： Goodbye. Have a nice day. 「さようなら。よい一日を」

受験者： You, too. 「先生もよい一日を」

面接試験　よくある質問

面接試験の形式や内容は分かっても，それ以外にもまだ分からないことがたくさんあって不安…。そんなみなさんのために，よくある質問をまとめました。

〈出典：英検ウェブサイト〉

Q 1　受験票を紛失してしまいました…

英検サービスセンターにお問い合わせください。

Q 2　受験票が届いたのですが，会場や時間の変更はできますか？

原則として会場や時間の変更はできません。ただし，ダブル受験で同じ日程で別々の会場になった場合は会場を調整いたしますので，英検サービスセンターまでご連絡ください。

Q 3　試験に遅刻しそうなのですが，どうしたらよいですか？

集合時間に遅刻をされた場合，受験をお断りさせていただく場合がございます。会場受付に事情をご説明いただき，その後は会場責任者の指示に従ってください。（試験会場への直接のご連絡はお控えください）

※天災，スト，事故などで電車・バスなどの公共交通機関が遅延・運休した場合などやむを得ない事由で公共交通機関が遅延・運休し，試験会場に到着できなかった場合や，試験時間に間に合わずに受験できなかった場合は，試験翌営業日～水曜日までのなるべく早いタイミングで英検サービスセンターへご連絡ください。

Q 4　試験当日の天候が心配です。試験当日の実施状況についてはどのように確認できますか？

不測の事態（台風や大雪など）による試験の中止や，開始時間の繰り下げを行う場合は，決定次第英検ウェブサイトで発表いたします。試験当日の朝，必ず英検ウェブサイトのトップページの上部「検定試験に関する重要なお知らせ」で最新の情報をご確認のうえご来場ください。

Q 5　試験の服装について教えてください。

特に指定はありませんが，寒暖に対応できる服装での来場にご協力をお願いします。

6 試験時間について（開始時間，終了時間など）教えてください。

二次受験票でご案内する集合時間にお集まりください。終了予定時間は，受付を通った時間より60分前後を目安にしてください。ただし，進行状況により前後する場合がありますのでご了承ください。

7 試験会場（本会場）に忘れ物をしてしまいました。

試験会場（本会場）における忘れ物は協会で管理しています。英検サービスセンターまでご連絡ください。忘れ物の詳細を伺った上でお探しし，結果をお知らせ致します。

8 インターネットで合否の閲覧はいつからできますか？

二次試験の約1週間後からネットでの合否結果閲覧が可能です。閲覧開始は，英検ウェブサイトで発表されますのでご確認ください。

お問い合わせ先

●英検ウェブサイト　　　　https://www.eiken.or.jp/

●英検サービスセンター　TEL 03-3266-8311
　　　　　　　　　　　　（月〜金 9:30〜17:00　※祝日・年末年始を除く）

英検 S-CBTの スピーキングテストについて

英検S-CBTでは最初にスピーキングテストを受験します。問題の内容は従来型の二次試験・面接（p. 12参照）と同じですが，パソコンに慣れておくなど，しておくとよい準備もあります。ここで，スピーキングテストの流れと必要な対策を確認しましょう。

◗ 試験の流れ

試験の流れは以下の通りです。

① 案内に従ってスピーキングテストの準備を行います。

② 音量確認，マイク確認後，スピーキングテストが始まります。

③ スピーキングテストの最初に，Warm-upとして簡単な質問をされるのでそれに答えます。その後の試験内容は従来型の二次試験・面接と同じです。
※スピーキングテストの時間は15分です。

◗ 必要な対策

パソコンを使用する試験なので，パソコンの操作に慣れておく必要があります。以下に，必要な対策をまとめました。

▶ パソコンの画面で英文を読んだり，イラストを見たりする練習

パソコンの画面で英文を読んだり，イラストを見たりすることは，経験がないと集中できない可能性があります。画面で文章・イラストを見ることに慣れておく必要があるでしょう。

▶ マイクに向かって話す練習

面接委員がいる状況と，マイクに向かって話す状況と，どちらのほうが話しやすいかは，人によって異なります。試験の当日に，「面接委員がいないと緊張して話せない」という状態になってしまうことを避けるために，まずは相手がいない中でマイクに向かって話す練習をしておきましょう。また，英検S-CBTのスピーキングテストでも，アティチュードは評価されます（アティチュードについてはp. 13を参照）。
なお，複数の受験者が同じ試験室で一斉に受験するため，スピーキングテストは周

りの人が話している中で，自分の解答を話すことになります。

▶ 時間内に話す練習

二次試験・面接であれば，解答時間を少し過ぎてしまっても言い終えるまで待ってもらえる可能性がありますが，パソコンを使うスピーキングテストでは制限時間が来たら，話している途中でも，そこで解答を切られてしまいます。制限時間内に言いたいことを言い終える訓練をしましょう。

本書に付属の「旺文社 英検対策ウェブ模試」（p. 8参照）では，パソコンを使って本番同様の試験を体験することができますので，ぜひ活用してください。

● 英検S-CBTウェブサイト　https://www.eiken.or.jp/s-cbt/

● 問題カードの内容

面接委員から手わたされる問題カードには，次のようなことが掲載^{けいさい}されています。

> パッセージ
>
> ### *Noodles*
>
> **In Japan, people eat many different kinds of noodles. Noodles are cheap and easy to cook, so they are popular with many people. Some people like to eat noodles with vegetables, meat, or eggs.**

めん類

日本で，人々はたくさんの種類のめん類を食べる。めん類は安くて調理するのが簡単なので，多くの人たちに人気がある。野菜や肉，卵の入っためん類を食べることが好きな人たちもいる。

● 音読と質問の内容

手わたされた問題カードをもとに，パッセージの黙読に続いて音読の指示と，5つの質問がされます。

音読

問題カードに書かれたパッセージの音読

✓ 音読のポイント

☐ タイトル（ここでは "Noodles"）を読むのを忘れない。

☐ 意味のまとまりごとに読むようにして，その途中で不自然なポーズを置かないように注意する。

☐ 内容的に重要な意味をもつ語句は，やや強めに読む。

☐ 個々の単語の母音，子音，アクセント（特に強く発音される部分）に気をつけ，できるだけ正確な発音を心がける。

☐ 速く読む必要はないので，自分の読みやすいペースで，落ち着いて音読する。

☐ 途中で発音が分からない単語が出てきても，そこで止まったり，無言になったりせずに，スペリングから発音を想像して読み進める。

In Japan, people eat ... や Noodles are cheap and easy to cook, so ... のようにカンマがあるところでは，やや長めのポーズを置くようにします。また，easy to cook や with many people のように複数の語でひとまとまりの意味を成す表現は，続けて読むようにします。noodle(s)，meat，egg(s) などは，カタカナでも使われていますが，日本語の発音やアクセントになってしまわないように，特に注意が必要です。音声をしっかりと聞いて，個々の単語の発音を確認しましょう。

パッセージの内容に関する質問

Please look at the passage. Why / What / Where / When …?

Please look at the passage. Why are noodles popular with many people?

「パッセージを見てください。めん類はなぜ多くの人たちに人気があるのですか」

> **Because they are cheap and easy to cook.**
> 「それは安くて調理するのが簡単だからです」

✓ 解答のポイント

☐ 質問の疑問詞，主語，動詞を聞きのがさないようにする。
☐ 質問の解答が含まれている英文（通常は1文）を，パッセージの中から探し出す。
☐ 質問に対応した適切な解答になるように，主語を代名詞に置きかえたり，英文の一部（質問と重なる部分や，質問とは関係のない部分）を省いたりする。

　Why「なぜ」で始まる質問で，noodles「めん類」がpopular with many people「多くの人たちに人気がある」理由をたずねています。これらの語が出てくるパッセージの2文目に正解が含まれていますが，この文をそのまま読んでしまわないように気をつけます。
　解答する際は，①質問の主語と重なるnoodlesを，3人称の複数を表す代名詞theyに置きかえる，②後半のso they are popular with many people「だから，それ（＝めん類）は多くの人たちに人気がある」は，質問と重なる内容なので省く，という2点に注意する必要があります。

Question No. 2

イラストに出ている人・物に関する質問

Please look at the picture. How many / Where / What ...?

Please look at the picture. How many glasses are there on the table?

「イラストを見てください。テーブルにはいくつのコップがありますか」

解答例

There are two (glasses).

「2つ（のコップが）あります」

✓ 解答のポイント

- 質問の疑問詞，主語，動詞を確実に聞き取り，だれ［何］の，何についてたずねられているのかを理解する。
- イラストの中から質問で問われている人物・物を特定し，その様子（人が何を持っているか，物がいくつあるかなど）を確認する。
- 解答の中心となる語句だけでなく，文の形で答えるように注意する。

　質問の〈How many＋名詞の複数形〉は「いくつ［何人］の」，are there ～はthere are ～「～がある」の疑問文の語順になっていて，glasses「コップ，グラス」がon the table「テーブルの上に」いくつあるかをたずねた質問であることを理解します。

　解答では，質問に合わせてThere are ～の形で答えます。テーブルにはコップが2つあるので，There are two. とします。「2つのコップ」と答える場合は，twoの後にglassの複数形glassesを続けます。また，カウンターの上にあるどんぶりを含めてthreeと答えてしまわないように注意しましょう。

25

イラストに出ている人・物に関する質問
(Please look at ... .) What ...?

質 問

Please look at the woman. What is she going to do?

「女性を見てください。彼女は何をしようとしていますか」

解答例

> **She's going to look at a menu.**
> 「彼女はメニューを見ようとしています」

✓ **解答のポイント**

☐ 質問を聞いて，主語について何を問われているか（今している動作，これからする行動など）を理解する。

☐ イラストを見て，問われている人物の動作やこれからする行動を確認する。

☐ 問われている人物の行動を適切に表す動詞やその目的語を考え，質問に合った形で答える。

Please look at the woman. から，女性に関する質問であることを理解します。質問で使われている〈be＋going to＋動詞の原形 (do)〉は「～しようとしている，～する予定である」という意味です。女性がこれから何をしようとしているかは，イラストの吹き出しの中に示されています。解答する際は，質問に合わせてShe's [She is] going to do の形で答えます。「～を見る」はlook at ～なので，She's [She is] going to look at ～とします。この後に，女性が見ている「メニュー」a [the] menu を続けます。menuの前に，aまたはtheを付け忘れないように注意しましょう。

Question No. 4

受験者自身に関する質問

What / Where / How ...?

What do you usually do on Sundays?

「あなたはふだん日曜日に何をしますか」

解答例

I (usually) watch movies at home.

「私は（ふだん）家で映画を見ます」

✓ **解答のポイント**

- No. 4に入る前に，Now, Mr. / Ms. —, please turn the card over.（さて，〜さん，カードを裏返しにしてください）の指示がある。ここからは，カードを見ないで解答することになる。
- 質問の疑問詞，動詞，時を表す語句などに注意し，問われている内容を正確に理解する。
- 自分に関する質問なので，主語はⅠを使う。
- 質問に対応した形を使い，〈主語＋動詞〉を入れた文で答える。

　質問はWhat「何を」で始まっています。usuallyは「ふだん」という意味で，ふだんSundays「日曜日」に何をするかたずねています。主語Ⅰで始め，その後に，ふだんの日曜日の行動を表す動詞の現在形を使って，I listen to music.「私は音楽を聞きます」やI do my homework.「私は宿題をします」のように説明します。

Do you like to *do*? や **Have you ever been 〜 ?** など
Yes.と答えた場合→ **Please tell me more.** や **Why?** など
No.と答えた場合→ **Why not?** や最初の質問内容とは別の質問

質問

Have you ever been fishing?「あなたは釣りに行ったことがありますか」

・Yes. → Please tell me more.「はい」→「もっと説明してください」

・No. → What would you like to do this weekend?
「いいえ」→「あなたは今週末に何をしたいですか」

解答例

⭕ Yes. → I went fishing with my father last month.
「はい」→「私は先月，父親といっしょに釣りに行きました」

⭕ No. → I'd like to go to the zoo.
「いいえ」→「私は動物園へ行きたいです」

✓ 解答のポイント

☐ 最初の質問は Do you 〜 ? や Have you ever 〜 ? のパターンが多く，たいていの場合，Yes. または No. で答える。そのほか，Which do you 〜，A or B? のようにどちらかを選ばせる質問が出されることもあり，その場合は A または B を答える。

☐ 最初の質問の答え（Yes. / No. など）によって，2番目の質問が異なる。疑問詞や動詞などに注意し，質問の意味を確実に理解する。

☐ 決まった正解はないので，自分のことについて自由な発想で話す。

　最初の質問の Have you ever been -ing? は「あなたは〜をしに行ったことがありますか」という意味で，自分が fishing「釣り」に行った経験があれば Yes(, I have).，なければ No(, I haven't). と答えます。

　Yes. の場合の Please tell me more. には，いつ，だれと，どこへ釣りに行ったかなどを I sometimes go fishing with my friends.「私は時々，友だちといっしょに釣りに行きます」のように答えます。No. の場合の質問の would like to *do* は「〜したい」，this weekend は「今週末」という意味です。

問題編

「問題編」では，「準備編」で学んだポイントを
思い出しながら，実際に面接試験の練習をしましょう。
試験の傾向に合わせて作られた問題ですので，
何度もくり返し練習すれば，
合格にぐんと近づくことができますよ！

Online Newspapers

Reading online newspapers is a good way to get information. Many people want to get information quickly, so they like to read online newspapers. They can read them on their smartphones anytime, anywhere.

Questions

 Please look at the passage. Why do many people like to read online newspapers?

 Please look at the picture. Where is the clock?

 Please look at the woman. What is she going to do?

Now, Mr. / Ms. —, please turn the card over.

 What time do you usually go to bed?

 Have you ever been to a summer festival?
Yes. と答えた場合 → Please tell me more.
No. と答えた場合 → What did you do last night?

パッセージ
online |ɑ(:)nláin| 形 オンラインの
newspaper |nú:zpèipər| 名 新聞
information |ìnfərméiʃ(ə)n| 名 情報
quickly |kwíkli| 副 速く，すばやく
smartphone |smɑ́:rtfòun| 名 スマートフォン
anytime |énitàim| 副 いつでも
anywhere |éni(h)wèər| 副 どこでも

Questions
No.2 clock |klɑ(:)k| 名 (かけ) 時計
No.4 usually |júːʒu(ə)li| 副 ふだん
　　 go to bed 寝る (就寝する)
No.5 summer festival 夏祭り

Online Newspapers

newspapersの2つのsは[z]の発音

① Reading **online néwspapers**(→) /

onlineを強めに

is a **good** way to get **informátion**(↘) .

a good wayとto get informationはそれぞれひとまとまり

② **Many** people want to get information **quickly**(↘), / / so

wantのtとtoのtが重なって1つのtのように発音

they **like** to **read** online **néwspapers**(↘) .

like to readはひとまとまり

③ They can **read** them(→) / on their **smártphones**(→) /

readとthemはつながってdは弱い発音

ánytime, **ánywhere**(↘) .

anytimeとanywhereはaにアクセント

ここに
注意！

▶ newspapers [nú:zpèipərz], information [ìnfərméiʃ(ə)n], smartphones [smá:rtfounz]のように長い単語を読む際は，特にアクセントの位置に注意しましょう。

▶ 第3文では，それまでに出てきていないsmartphones, anytime, anywhereが新しい情報となり，これらの語は比較的強く読むようにします。

訳 オンラインの新聞

オンラインの新聞を読むことは，情報を得る良い方法だ。多くの人たちはすばやく情報を得たいので，オンラインの新聞を読むことが好きだ。彼らはいつでも，どこでも，自分のスマートフォンでそれらを読むことができる。

● パッセージとイラストのポイント

従来の紙の新聞ではなく，オンラインで読む新聞を紹介した英文です。第1文のa good way to get informationを受けて，第2文ではオンラインの新聞が好まれる理由，第3文ではオンラインの新聞を読むメリットが説明されています。

家の中にいる男性と女性が描かれているイラストです。吹き出しでは，女性がこれから取る行動（窓を閉めている動作）が示されています。人物以外にも，部屋の中で何がどこにあるかに注意しましょう。

● 解答例と応答のポイント

Please look at the passage. Why do many people like to read online newspapers?

「パッセージを見てください。多くの人たちはなぜオンラインの新聞を読むことが好きですか」

解答例

Because they want to get information quickly.

「すばやく情報を得たいからです」

Many people want to get information quickly, so they like to read online newspapers.

「多くの人たちはすばやく情報を得たいので，オンラインの新聞を読むことが好きです」

質問はWhy「なぜ」で始まっていて，多くの人たちがonline newspapers「オンラインの新聞」を読むことが好きな理由をたずねています。質問文と同じmany peopleとlike

to read online newspapersが含まれている第2文は、〈〜, so ...〉「〜（理由・原因），だから…（結果）」の構造になっています。質問の主語と重なるmany peopleを代名詞のtheyに置きかえて，第2文の前半を答えます。後半のso以降は質問と重なる内容なので省きます。

Please look at the picture. Where is the clock?
「イラストを見てください。時計はどこにありますか」

It's on the wall.
「壁にかかっています」

もう
ひと息

On the wall.
「壁に」

応答のポイント

質問はWhere「どこに」で始まっていて，the clock「時計」がある場所をたずねています。解答する際は，the clockを3人称単数の代名詞Itに置きかえ，動詞は質問と同じisを使います。It's [It is]の後に時計がある場所を続けますが，イラストで時計は壁にかかっているので，on「〜の上に，〜に接して」を使ってon the wallとします。

Please look at the woman. What is she going to do?
「女性を見てください。彼女は何をしようとしていますか」

解答例

She's going to close the window.
「彼女は窓を閉めようとしています」

Close the window.
「窓を閉めなさい」

イラスト中の女性に関する質問です。質問の〈be動詞＋going to＋動詞の原形 (do)〉は「～しようとしている」という意味で，女性がこれからどのような行動をとるかをたずねています。質問に合わせてShe's [She is] going to do の形で答えます。吹き出しの中で女性は窓を閉めているので，close「～を閉める」を使ってto の後に close the window「窓を閉める」を続けます。『もうひと息』の解答例は動詞で始まっているので，「～しなさい」という命令文になってしまっています。

No. 4

What time do you usually go to bed?
「あなたはふだん何時に寝ますか」

解答例

I (usually) go to bed at eleven p.m.
「私は（ふだんは）午後11時に寝ます」

Eleven.
「11時」

質問の What time は「何時に」，go to bed は「寝る」という意味で，ふだん何時に寝るかをたずねています。自分のことを答えるので主語となる I から始め，この後に質問と同じ表現の (usually) go to bed をつなげます。最後に，最も重要な情報となる就寝時刻を，〈at＋時刻〉「～時に」の形で続けます。例えば，「9時に」であれば，at nine (o'clock) とします。「午後9時に」と言いたい場合は，at nine p.m. とします。また，細かい時刻を答える場合は，日本語と同様に〈時＋分〉の順で，at eleven fifteen「11時15分」のように表します。

No. 5

Have you ever been to a summer festival?

「あなたは夏祭りに行ったことがありますか」

解答例

○ Yes. と答えた場合 → Please tell me more. 「もっと説明してください」

これで完璧！

I go to the summer festival in my town every year.

「私は毎年，自分の町の夏祭りに行きます」

もうひと息

The summer festival in my town.

「私の町の夏祭り」

○ No. と答えた場合 → What did you do last night? 「あなたは昨夜，何をしましたか」

これで完璧！

I had dinner with my grandparents.

「私は祖父母といっしょに夕食を食べました」

もうひと息

I have dinner with my grandparents.

「私は祖父母といっしょに夕食を食べます」

応答のポイント

最初の質問 Have you ever been to 〜? は「あなたは〜へ行ったことがありますか」という意味で，a summer festival「夏祭り」に行ったことがあるかどうかを，Yes(, I have). または No(, I haven't). で答えます。Yes. の場合の Please tell me more. には，どこの夏祭りに，いつ，だれといっしょに行ったかなどを，I から始めて答えます。

No. の場合の質問 What did you do last night? には，last night「昨夜」に何をしたかを〈I＋動詞の過去形〉の形で答えます。『もうひと息』の解答例は動詞が過去形ではなく現在形の have になってしまっています。

面接試験の準備方法

二次試験は面接委員と1対1の試験，一次の筆記とはちがって不安になる
のも当然ですよね。最初の準備としては，面接試験の全体的な流れを知
ることが重要です。面接試験でどのようなことが行われるのかを事前に
理解しておけば，不安な気持ちも解消されます。本書の準備編を参考に
して，入室したらすぐに何をするのか，問題カードを使ってどのような質
問がされるのかなどを確認しましょう。

さらに，実際と同じような設定で面接試験の練習をしておけば，自信も
生まれてきます。本書の付属音声を使って，各問題カードのQ&Aの練習
をすることができます。友だちと，面接委員と受験者の役割を交代してく
りかえし練習するのもよいでしょう。また，本書に付属している動画では，
面接試験の流れを映像で確認することができます。ぜひ活用してくださ
い。

15

Gardens

People can do many things in the garden. Many people plant trees and flowers, and some people like to have parties with their friends in the garden. Growing vegetables or fruits there is also popular.

Questions

No. 1 Please look at the passage. What do some people like to do with their friends in the garden?

No. 2 Please look at the picture. What is the man holding in his hand?

No. 3 Please look at the woman. What is she going to do?

Now, Mr. / Ms. —, please turn the card over.

No. 4 What kind of TV programs do you often watch?

No. 5 Do you have any pets?
Yes. と答えた場合 → Please tell me more.
No. と答えた場合 → What do you like to do after dinner?

パッセージ

garden |gάː/d(ə)n| 名 庭
plant |plænt| 動 ～を植える
party |pάːrti| 名 パーティー
grow |grou| 動 ～を育てる
vegetable |védʒ-təbl| 名 野菜
fruit |fruːt| 名 果物
there |ðéər| 副 そこに
also |ɔ́ːlsou| 副 ～もまた
popular |pά(ː)pjulər| 形 人気がある

Questions

No. 2 hold |hould| 動 ～を持つ
No. 4 What kind of ～ どんな種類の ～

TV program テレビ番組
No. 5 pet |pet| 名 ペット
after dinner 夕食後に

Gardens

gardens は「ガードゥンズ」に近い発音

① People can do **many** things(→) / in the **garden**(↘).

many things はひとまとまり

② **Many** people plant **trees** and **flowers**(↘), / /

trees and flowers は続けて読む

and **some** people like to have **parties** with their

parties と friends はやや強めに

friends(→) / in the garden(↘).

③ Growing **végetables** or **fruits** there(→) / is

vegetables は最初の e にアクセント　　　there の後はごく短いポーズ

also pópular(↘).

ここに
注意！

▶ garden, tree, flower, party, fruit など, 日本語でもカタカナ語として使われるものが多く含まれています。これらが日本語の発音にならないように注意が必要です。例えば, tree は「ツリー」ではなく「トゥリー」, flower は「フラワー」ではなく「フラウワ」に近い発音です。

▶ 第2文の trees and flowers や第3文の vegetables or fruits のように, 名詞が and や or で並列につながっている場合は, それをひとまとまりにして読みます。

▶ 第3文の主語は Growing vegetables or fruits there です。このように長い主語の場合, その直後にごく短いポーズを置くと読みやすくなります。

訳 **庭**

人々は庭でたくさんのことをすることができる。多くの人は木や花を植え, 友だちといっしょに庭でパーティーをすることが好きな人たちもいる。そこで野菜や果物を育てることも人気がある。

40

● パッセージとイラストのポイント

人々がgarden「庭」をどのように使っているかについて説明した英文です。第1文のdo many things「たくさんのことをする」の内容を，第2文と第3文で具体例をあげて紹介するという構造になっています。

男性と女性が家庭菜園にいる場面です。男性の様子や，女性が今していることと，これから何をしようとしているか（吹き出しの中に描かれています）に注意しましょう。

● 解答例と応答のポイント

No. 1

Please look at the passage. What do some people like to do with their friends in the garden?

「パッセージを見てください。庭で友だちといっしょに何をすることが好きな人たちがいますか」

解答例

They like to have parties (with their friends).

「（友だちといっしょに）パーティーをすることが好きな人たちがいます」

もう
ひと息

Many people plant trees and flowers, and some people like to have parties with their friends in the garden

「多くの人は木や花を植え，友だちといっしょに庭でパーティーをすることが好きな人たちもいます」

質問はWhat「何を」で始まり，主語であるsome peopleについてたずねていることに注意します。質問に出てくるsome people like to「～することが好きな人たちもいる」は第2文に含まれていますが，前半のMany people plant trees and flowersは主語

41

がMany peopleで質問の内容に対応していないので，後半のsome people以降だけを答えます。また，質問の主語と重なるsome peopleは，代名詞のTheyに置きかえる必要があります。

Please look at the picture. What is the man holding in his hand?

「イラストを見てください。男性は手に何を持っていますか」

解答例

He's holding his hat.
「彼は帽子を持っています」

He holds his hat.
「彼は帽子を持ちます」

応答のポイント

hold ~ in *one's* handは「～を手に持つ」という意味です。質問ではWhat is the man holding ...?という現在進行形〈be動詞＋-ing〉が使われています。質問の主語the manを代名詞のHeに置きかえ，質問に合わせてHe's [He is] holding「彼は～を持っています」とします。イラストでは男性が帽子を持っているので，He's [He is] holding his [a] hat. という文にします。ふちのある帽子を意味するhatと，ふちのない帽子を意味するcapのちがいにも注意する必要があります。

Please look at the woman. What is she going to do?

「女性を見てください。彼女は何をしようとしていますか」

解答例

She's going to cut some tomatoes.
「彼女はトマトを切ろうとしています」

She's cutting some tomatoes.

「彼女はトマトを切っています」

the woman「女性」についての質問であることに注意します。質問の〈be+ going to＋動詞の原形 (do)〉は「〜しようとしている」という意味で，女性がこれからどのような行動をとるかをたずねています。質問に合わせて，She's [She is] going to do の形で答えます。『もうひと息』の解答例では，今していることを表す〈be動詞＋-ing〉の形になってしまっています。吹き出しの中で，女性はトマトを切っています。「〜を切る」はcutを使い，She's [She is] going to cut 〜とします。「トマト」はtomatoですが，aにアクセントを置いて「トゥメイトウ」に近い発音になるようにします。また，複数のトマトがあるので，some tomatoesと複数形にします。

No. 4

What kind of TV programs do you often watch?

「あなたはどのようなテレビ番組をよく見ますか」

解答例

I (often) watch music programs.

「私は音楽番組を（よく）見ます」

Music programs.

「音楽番組」

質問のkindは「種類」を意味する名詞として使われていて，What kind of 〜で「どんな種類の〜」という意味を表します。自分がよく見るTV programs「テレビ番組」を，I (often) watch 〜「私は（よく）〜を見ます」やI like to watch 〜「私は〜を見ることが好きです」の形で答えます。watchの後には番組の種類を続けますが，music programs「音楽番組」やquiz shows「クイズ番組」のように複数形にする必要があります。それ以外の番組としては，dramas「ドラマ」，movies「映画」，comedy shows「お笑い番組」，news programs「ニュース番組」，cooking shows「料理番組」など

の表現を使うことができます。「種類」を聞かれているので，具体的な番組名を答えてしまわないように注意しましょう。

 Do you have any pets?
「あなたは何かペットを飼っていますか」

解答例

○ Yes. と答えた場合 → Please tell me more.「もっと説明してください」

I have two dogs.
「私は犬を2ひき飼っています」

Two dogs.
「2ひきの犬」

○ No. と答えた場合 → What do you like to do after dinner?「あなたは夕食後に何をするのが好きですか」

I like to play the piano.
「私はピアノをひくことが好きです」

Play the piano.
「ピアノをひきなさい」

応答のポイント

最初の質問にあるhaveは「～を飼う」という意味で使われていて，ここではペットを飼っているかどうかを，Yes (, I do). またはNo (, I don't).で答えます。Yes. の場合のPlease tell me more. には，I have ～を使って，自分が飼っているペットを答えるといいでしょう。その際，a cat「1ぴきのネコ」やthree hamsters「3びきのハムスター」のように動物名の前に数を付け加えることと，複数の場合は動物名を複数形にすることに注意します。

No. の場合の質問では，like to do と after dinnerを聞きのがさないようにして，夕食

44

後に何をすることが好きかを I like to *do* の形で答えます。解答例のほかに，I like to watch TV.「テレビを見ることが好きです」，I like to read books.「読書をすることが好きです」のような解答も考えられます。『もうひと息』の解答例のように主語をぬかしてしまうと，命令文になってしまうので注意が必要です。

面接委員の先生はどんな人？

3級の面接委員は一般的に日本人が多いようですが，ネイティブ・スピーカー（英語を母語とする人）の場合もあります。いずれの場合でも，日本英語検定協会によって定められた基準にしたがって試験が行われますので，どちらが有利不利といったことはありません。

面接試験は，比較的リラックスした雰囲気で行われますので，特に心配する必要はありません。面接委員は純粋にみなさんの英語力を見ているだけですから，大切なのは，みなさんが緊張することなく，いつもどおりの力を発揮して試験を受けることです。面接室に入室する前には，大きく深呼吸をするなどして，気持ちを落ち着けて試験に臨みましょう。

45

Festivals in Summer

Many towns and cities in Japan have festivals in summer. People can watch many kinds of shows, so they have a good time at summer festivals. Some people sing or dance with their friends.

Questions

No. 1 Please look at the passage. Why do people have a good time at summer festivals?

No. 2 Please look at the picture. What does the woman have in her hands?

No. 3 Please look at the boy with the cap. What is he going to do?

Now, Mr. / Ms. —, please turn the card over.

No. 4 Where would you like to go next weekend?

No. 5 Do you often use computers?
Yes.と答えた場合 → Please tell me more.
No.と答えた場合 → Why not?

パッセージ

festival |féstiv(ə)l| 图 祭り

summer |sámər| 图 夏

town |taun| 图 町

city |síti| 图 市

many kinds of ～ たくさんの種類の～

have a good time 楽しい時間を過ごす

dance |dæns| 動 おどる

Questions

No.3 cap |kæp| 图 （ふちのない）帽子, 野球帽

No.4 would like to *do* ～したいと思う

weekend |wíːkend| 图 週末

No.5 often |ɔ́(ː)f(ə)n| 副 よく, しばしば

Festivals in Summer

① **Many towns** and **cities** in **Japan**(→) / have

towns and cities はひとまとまり　　Japan の後で短いポーズ

féstivals in **summer**(↘) .

festivals は e にアクセント

② People can **watch**(→) / **many** kinds of **shows**(↘), //

many kinds of shows は続けて読む

so they have a **good time**(→) / at **summer**

have a good time は続けて読む

féstivals(↘) .

③ **Some** people **sing** or **dance**(→) / with their

sing or dance はひとまとまり

friends(↘) .

ここに
注意！

▶ 第1文の towns and cities や第3文の sing or dance では，名詞や動詞がand や or で並列につながっているので，それらをひとまとまりにして読みます。towns や sing の後にポーズを置かないように注意しましょう。

▶ festivals や friends の f は，上の前歯を下くちびるのやや後方（内側）に乗せ，声帯を振動させずに口から息を出します。日本語の「フ」にならないように気をつけます。

▶ good time は good の d と time の t の音がつながることで d の音が消え，「グッタイム」のような発音になります。

訳 **夏の祭り**

日本の多くの町や市では，夏に祭りがある。人々はたくさんの種類のショーを見ることができるので，夏祭りで楽しい時間を過ごす。友だちといっしょに歌ったりおどったりする人たちもいる。

● パッセージとイラストのポイント

日本の町や市で行われる夏祭りが話題の英文です。第2文と第3文で，人々が夏祭りで何をするかが説明されています。特に，第2文に出てくるsoの使い方に注意しましょう。

夏祭りの会場です。3人の人物が描かれているので，No. 2とNo. 3では，だれの行動についてたずねているのかに注意します。男の子の吹き出しの中には，これからとろうとしている行動が示されています。

● 解答例と応答のポイント

 No. 1

Please look at the passage. Why do people have a good time at summer festivals?

「パッセージを見てください。人々はなぜ夏祭りで楽しい時間を過ごすのですか」

解答例

Because they can watch many kinds of shows.

「たくさんの種類のショーを見ることができるからです」

もう
ひと息
People can watch many kinds of shows, so they have a good time at summer festivals.

「人々はたくさんの種類のショーを見ることができるので，夏祭りで楽しい時間を過ごします」

質問はWhy「なぜ」で始まっていて，人々が夏祭りで楽しい時間を過ごす理由をたずねています。質問文と同じhave a good time at summer festivalsが含まれている第2文は，〈〜, so ...〉「〜（理由・原因），だから…（結果）」の構造になっています。質問の主語と重なるPeopleを代名詞のtheyに置きかえて，第2文の前半を答えます。so以降

は質問に含（ふく）まれている情報なので，くり返さないように気をつけます。

 Please look at the picture. What does the woman have in her hands?

「イラストを見てください。女性は手に何を持っていますか」

 She has a camera (in her hands).

「彼女は（手に）カメラを持っています」

 A camera.

「カメラ」

応答のポイント

the woman「女性」についての質問です。in her handsは「手の中に」で，女性が手に何を持っているかを答えます。主語はthe womanを代名詞のSheに置きかえます。質問の動詞はhaveですが，解答の主語Sheは3人称単数（にんしょう）なので，hasを使うことに注意します。「カメラ」はcameraで，「キャムラ」に近い発音になります。また，女性が持っているカメラは1つなので，cameraの前にaを付けます。

 Please look at the boy with the cap. What is he going to do?

「帽子（ぼうし）をかぶった男の子を見てください。彼は何をしようとしていますか」

 He's going to buy an ice cream.

「彼はアイスクリームを買おうとしています」

 He's buying an ice cream.

「彼はアイスクリームを買っています」

the boy with the cap「帽子をかぶった男の子」についての質問であることに注意します。質問の〈be going to＋動詞の原形 (do)〉は「～しようとしている」という意味で，男の子がこれからどのような行動をとるかをたずねています。主語は the boy with the cap を代名詞の He に置きかえ，質問に合わせて He's [He is] going to *do* の形で答えます。『もうひと息』の解答例では，今していることを表す〈be 動詞＋ -ing〉の形になってしまっています。吹き出しの中で，男の子は屋台でアイスクリームを買っています。「～を買う」は buy を使い，He's [He is] going to buy ～とします。「アイスクリーム」は ice cream で，ice の方をより強く発音します。

 No. 4   Where would you like to go next weekend?
「あなたは次の週末にどこへ行きたいですか」

解答例

 I'd like to go to the bookstore near my house.
「私は家の近くの書店に行きたいです」

 もう ひと息   The bookstore near my house.
「私の家の近くの書店」

質問の疑問詞 Where は「どこへ」という意味です。would like to *do* は「～したい」という意味で，like to *do*「～することが好きである」と混同しないように気をつけましょう。next weekend「次の週末」に自分が行きたいと思う場所を，〈I'd [I would] like to go to ＋場所〉の形で答えます。go to ～「～へ行く」の代わりに，visit「（人）のところへ行く，（場所）を訪れる」を使って I'd [I would] like to visit my grandfather.「私は祖父のところへ行きたいです」のように答えることもできます。

No. 5 Do you often use computers?

「あなたはよくコンピューターを使いますか」

解答例

○ Yes. と答えた場合 → Please tell me more. 「もっと説明してください」

これで
完璧!

I send e-mails with my computer every day.

「私は毎日，自分のコンピューターを使ってEメールを送ります」

もう
ひと息

Send e-mails.

「Eメールを送りなさい」

○ No. と答えた場合 → Why not? 「なぜそうではないのですか」

これで
完璧!

I'm not good at using computers.

「私はコンピューターを使うことが得意ではないからです」

もう
ひと息

I'm not good at computer.

「私はコンピューターが得意ではないからです」

応答のポイント

最初の質問のoftenは「よく，頻繁に」という意味で，computer「コンピューター」をよく使うかどうかを，Yes (, I do). またはNo (, I don't). で答えます。Yes. の場合のPlease tell me more. には，コンピューターを使って何をするかを答えるといいでしょう。解答例のほかに，I get a lot of information on the Internet. 「私はインターネットでたくさんの情報を得ます」や，I like to play computer games. 「私はコンピューターゲームをすることが好きです」のような解答も考えられます。

No. の場合の質問はWhy not? なので，自分がコンピューターをあまり使わない理由を説明します。『もうひと息』の解答例は，computerが数えられる名詞なので，computersとすれば正しい英語になります。解答例のほかに，I'm not interested in using computers. 「コンピューターを使うことに興味がないからです」やI don't have a computer. 「私はコンピューターを持っていません」のように答えてもいいでしょう。

発音を上達させるコツ

多くの人が，英語の発音に苦手意識を持っていると思います。日本語と英語の発音や発声方法は大きく異なるので，それは当然のことです。ネイティブ・スピーカーのような発音を目指す必要はありませんが，なんとか面接委員に伝わる程度の発音ができるようにしておくことが大切です。英語を学習するときは，常に音を意識し，目で見たり耳で聞いたりしたものを実際に自分で発音する習慣をつけましょう。具体的には，本書に付属の音声や学校で使用している教科書，さらには辞書などを利用して，次のような練習をしておくといいでしょう。

① 日本語とは異なる母音や子音の発音法（舌の位置やくちびるの形など）を学習する。

② 個々の単語について，どの部分が強く読まれるか（アクセント）を必ずチェックする。

③ 文を読む際は，単語ごとにブツブツ区切るのではなく，意味のまとまりごとに発音する。

④ 意味を理解した英文を題材として，モデル音声といっしょに何度も音読する。

⑤ 英文を見ないで，モデル音声のすぐ後を追いかけるように発音する。

Watching Movies

Watching movies is a popular hobby. Many people go to theaters to see new movies and talk about the stories with their friends later. Some people rent DVDs and enjoy watching them at home.

Questions

No.1 Please look at the passage. Where do many people go to see new movies?

No.2 Please look at the picture. How many children are sitting on the sofa?

No.3 Please look at the man wearing glasses. What is he doing?

Now, Mr. / Ms. —, please turn the card over.

No.4 What are you planning to do this afternoon?

No.5 Are you interested in music?
Yes.と答えた場合 → What kind of music do you like?
No.と答えた場合 → What do you like to do in your free time?

パッセージ

movie |múːvi| 图 映画

hobby |hά(ː)bi| 图 趣味

theater |θíətər| 图 映画館，劇場

talk about ～ ～について話す

later |léitər| 副 後で

rent |rent| 動 ～を借りる

enjoy -ing ～することを楽しむ

at home 家で

Questions

No.2 How many ～ いくつ [何人] の～

No.2 children |tʃíldr(ə)n| 图 child |tʃáild|「子ども」の複数形

sit on ～ ～に座る

No.3 wearing ～ ～を身につけている

glasses |glǽsiz| 图 めがね
※「めがね」の意味では常に複数形

No.4 this afternoon 今日の午後

No.5 be interested in ～ ～に興味がある

What kind of ～ どんな種類の～

in *one's* free time ひまなときに

55

Watching Movies

① **Watching movies** is a **pópular hobby**(↘) .
Watching movies はひとまとまり

② **Many** people **go** to **théaters**(→) / to see **new**
　　　　　　　　　theaterを強調　　　　　　　　newを強調

movies(→) / and **talk** about the **stories**(→) / with their
talk about the stories と with their friends はそれぞれひとまとまり

friends later(↘) .

③ **Some** people **rent DVDs**(→) / and **enjoy watching**
　　　　　　　rent DVDsを強調　　　enjoy watching them はひとまとまり

them at **home**(↘) .
home を強調

〜〜〜
ここに
注意！

▶ theater, home は「シアター」，「ホーム」と日本語のカタカナ語としても
使われていますが，theater の th は「シ」ではなく舌先を上下の歯の間に軽
く入れて息を出しながら発音する，home の o は「オー」ではなく「オゥ」
という二重母音になるというように，日本語とのちがいに注意します。

▶ talk about は2語ですが，talk の k と about の a が重なって，「トーカバウト」
のような発音になります。また，with their の両語にある th は続けて発音
すると，1つの th のようになります。

▶ 第3文では，rent DVDs「DVD を借りる」と at home「家で」が，それ以
前には出ていない新しい情報になっています。このような新情報は内容的
にも大切なので，強く発音される傾向にあります。

訳 **映画鑑賞**

映画鑑賞は，人気のある趣味だ。多くの人は新しい映画を見るために映画館へ行き，
後で友だちとそのストーリーについて話す。DVD を借りて，家でそれを見て楽しむ人
たちもいる。

● パッセージとイラストのポイント

hobby「趣味」として人気があるwatching movies「映画鑑賞」についての英文です。第2文ではtheaters「映画館」で映画を見る人について，第3文ではhome「家」で映画を見る人について説明されています。第2文は長いので，意味のまとまりを考えて読むことが重要です。「～すること」を意味する動名詞（<u>Watching</u> movies，enjoy <u>watching</u>）が使われていることにも注意しましょう。

映画館のロビーが描かれています。人物は，売店にいる女性，床をそうじしている男性，ソファーに座っている3人の子どもたちの計5人なので，質問のNo. 2とNo. 3ではだれのことをたずねているのかをしっかり聞き取る必要があります。

● 解答例と応答のポイント

No. 1

Please look at the passage. Where do many people go to see new movies?

「パッセージを見てください。多くの人は新しい映画を見るためにどこへ行きますか」

 解答例

They go to theaters (to see new movies).

「（新しい映画を見るために）映画館へ行きます」

もう
ひと息

Theaters.

「映画館」

質問がWhere「どこへ」で始まっていることと，主語がmany peopleであることに注意します。多くの人がnew movies「新しい映画」見るためにどこへ行くかについては，第

57

2文で説明されています。質問の主語と重なるMany peopleを代名詞のTheyに置きかえて，第2文の前半を答えます。後半のand talk about the stories with their friends later「（そして，）後で友だちとそのストーリーについて話す」は質問に直接対応した内容ではないので，この部分まで答えてしまわないように気をつけます。

 Please look at the picture. How many children are sitting on the sofa?

「イラストを見てください。何人の子どもがソファーに座っていますか」

解答例

 Three children are (sitting on the sofa).
「3人の子どもが（ソファーに座って）います」

 Three (children).
「3人（の子ども）」

応答のポイント

〈How many＋名詞の複数形〉は「いくつ［何人］の〜」の意味で，数をたずねる表現です。childrenはchild「子ども」の複数形ですが，「チルドゥレン」に近い発音です。sofaは日本語の「ソファー」とはちがって，「ソウファ」のように聞こえます。ソファーに座っているのは3人なので，Three childrenが解答のポイントになります。ただし，ここで止めてしまわずに，質問で使われている現在進行形are sittingに対応した解答にするために，Three children are. またはThree children are sitting on the sofa. と答えるようにします。

 Please look at the man wearing glasses. What is he doing?
「めがねをかけた男性を見てください。彼は何をしていますか」

He's cleaning the floor.
「彼は床をそうじしています」

もう
ひと息

Cleaning.
「そうじすること」

the man wearing glasses「めがねをかけた男性」についての質問であることに注意します。質問が What is 〜 doing?「〜は何をしていますか」という現在進行形なので，解答でも He's [He is] -ing の形で答えます。「〜をそうじする」という意味の clean を使って He's [He is] cleaning とします。「〜にモップがけをする」という意味の mop を使って He's [He is] mopping としてもかまいません。男性がそうじしているのは floor「床」なので，cleaning [mopping] の後にはその目的語になる the floor を続けます。

No.
4

What are you planning to do this afternoon?
「あなたは今日の午後，何をする予定ですか」

I'm planning to do my math homework.
「私は数学の宿題をする予定です」

もう
ひと息

I do my math homework.
「私は数学の宿題をします」

質問の〈be planning to ＋動詞の原形 (do)〉は「〜する予定である」という意味なので，this afternoon「今日の午後」に何をする予定であるかを答えます。質問に合わせて，I'm planning to do を使います。『もうひと息』の解答例のように，現在形で答えてしまわないように気をつけましょう。解答例のほかに，I'm planning to read a book.「読書

59

をする予定です」や，I'm planning to play online games with my friend. 「友だちと
いっしょにオンラインゲームをするつもりです」のような解答も考えられます。もし予定
が決まっていなければ，I haven't decided yet. 「まだ決めていません」と答えればいい
でしょう。

 Are you interested in music?
「あなたは音楽に興味がありますか」

解答例

○ Yes. と答えた場合 → What kind of music do you like?「あなたはどんな種
類の音楽が好きですか」

I like Japanese pop music.
「私は日本のポピュラー音楽が好きです」

Japanese pop music.
「日本のポピュラー音楽」

○ No. と答えた場合 → What do you like to do in your free time?「あなたは
ひまなときに何をすることが好きですか」

I like to watch soccer games on TV.
「私はテレビでサッカーの試合を見ることが好きです」

Watch soccer games.
「サッカーの試合を見なさい」

応答のポイント

最初の質問にある be interested in 〜は「〜に興味がある」で，ここでは music「音楽」
に興味があるかどうかを，Yes (, I am). または No (, I'm not). で答えます。
Yes. の場合の質問の What kind of 〜は「どんな種類の〜」という意味で，自分が好き
な音楽の種類を I like 〜の形で答えます。解答例のほかに，rock music「ロック」，

classical music「クラシック」，hip-hop music「ヒップホップ」，jazz「ジャズ」などの表現を使うことができます。種類を聞かれているので，好きな歌手名などを答えてしまわないように注意しましょう。

No. の場合の質問の like to *do* は「〜することが好きである」，in your free time は「ひまなときに」という意味で，ひまなときに何をすることが好きかを I like to *do* の形で答えます。解答例のほかに，I like to read comic books.「マンガを読むことが好きです」や，I like to draw pictures.「絵を描くことが好きです」のような解答も考えられます。

音読の上達方法

音読については，次の点に注意してください。

① 音読の前の20秒間の黙読で，パッセージの内容とともに，それぞれの英文の意味のまとまりをチェックする。

② 意味のまとまりごとに，短いポーズをとりながら音読する。

③ 強弱（内容的に大切な語は強く読むなど），イントネーション（文末は下降調にするなど）を意識して音読する。

④ できるだけ正確に発音することを心がける。例えば，複数形の名詞を単数形で読んでしまったり，過去形の動詞を現在形の発音にしてしまったりしないように，各語をしっかりと目で追う。

⑤ 速く読む必要はないので，落ち着いて，自分のペースを保って音読する。

これらの点に関する具体的な対策として，本書の各Dayにある『音読の攻略』のページを大いに活用してください。

パッセージ中に読めない語があった場合は，そこで止まらずに，ローマ字を読むつもりでなんとか切りぬけてください。音読で多少読み間ちがえただけで，不合格になることはありません。1つや2つ発音できない単語が出てくるだろうといった，"いい意味での開き直り"も大切です。

School Trips

School trips are popular with Japanese students. Many students visit famous places in Japan, and some students go to other countries. Students travel with their friends and teachers, so they enjoy their school trips.

Questions

 Please look at the passage. Why do students enjoy their school trips?

 Please look at the picture. How many students are wearing glasses?

 Please look at the girl with short hair. What is she going to do?

Now, Mr. / Ms. —, please turn the card over.

 What time did you go to bed last night?

 Do you like to cook?
Yes. と答えた場合 → Please tell me more.
No. と答えた場合 → Why not?

パッセージ
school trip 修学旅行
visit |vízət| 動 〜を訪れる
famous |féiməs| 形 有名な
other |ʌ́ðər| 形 ほかの
country |kʌ́ntri| 名 国

Questions
No.2 glasses |glǽsiz| 名 めがね
No.3 short hair 短い髪
No.5 cook |kuk| 動 料理する

School Trips

① **School trips** are **pópular**(→) / with **Japanese**

> with Japanese students はひとまとまり

students(↘) .

② **Many** students **visit fámous** places in **Japan**(↘), //

> famous をやや強めに   places と in の間はポーズを置かない

and **some** students go to **other cóuntries**(↘) .

> other countries はひとまとまり

③ Students **travel**(→) / with their **friends** and **teachers**, //

> friends and teachers はひとまとまりで，friends と teachers を強めに

so they **enjoy** their **school trips**(↘) .

ここに 注意！

▶ other，countries は下線部にアクセントが置かれますが，いずれも短く「アッ」と発音する感じです。

▶ 第2文では，Japan「日本」と other countries「ほかの国々，外国」が内容的に対比されているので，これらの語をやや強めに発音します。

▶ 第3文の with their は，両方の語に含まれている th が同じ発音です。このような場合，音がつながって，th が1つしかないように聞こえることがあります。音読する際も，th を1回だけ発音するような気持ちで読むとより自然になります。

訳 **修学旅行**

修学旅行は，日本の生徒たちに人気がある。多くの生徒は日本の有名な場所を訪れ，外国へ行く生徒たちもいる。生徒たちは友だちや先生といっしょに旅行するので，修学旅行を楽しむ。

● パッセージとイラストのポイント

日本の生徒たちに人気がある school trips「修学旅行」が話題です。生徒たちがどのような場所を訪れるかに加えて，修学旅行を楽しむ理由を読み取るようにします。また，第3文にある so「だから」の使い方に注意が必要です。

男子生徒2人と女子生徒2人が，お寺の境内にいます。右側の女子生徒の吹き出しは，これから何をしようとしているかを示しています。

● 解答例と応答のポイント　

No. 1

Please look at the passage. Why do students enjoy their school trips?

「パッセージを見てください。生徒たちはなぜ修学旅行を楽しむのですか」

解答例

Because they travel with their friends and teachers.

「友だちや先生といっしょに旅行するからです」

もう
ひと息

Students travel with their friends and teachers, so they enjoy their school trips.

「生徒たちは友だちや先生といっしょに旅行するので，修学旅行を楽しみます」

質問は Why「なぜ」で始まっていて，生徒たちが修学旅行を楽しいと感じる理由をたずねています。正解が含まれている第3文は，〈〜, so ...〉「〜（理由・原因），だから…（結果）」の構造になっています。質問の主語と重なる Students を代名詞の they に置きかえて，第3文の前半を答えます。so 以降は質問に含まれている情報なので，くり返さない

ように気をつけます。

Please look at the picture. How many students are wearing glasses?

「イラストを見てください。何人の生徒がめがねをかけていますか」

Two students are (wearing glasses).
「2人の生徒がめがねをかけています」

Two (students).
「2人（の生徒）」

応答のポイント

〈How many＋名詞の複数形〉は「いくつ［何人］の〜」の意味で，数をたずねる表現です。wear glasses は「めがねをかける」という意味で，質問では are wearing glasses という現在進行形で使われています。めがねをかけている生徒は2人なので，Two students が解答のポイントになります。ただし，ここで止めてしまわずに，質問で使われている現在進行形に対応した解答にするために，Two students are. または Two students are wearing glasses. と答えるようにします。

Please look at the girl with short hair. What is she going to do?

「短い髪の女の子を見てください。彼女は何をしようとしていますか」

She's going to take a picture.
「彼女は写真をとろうとしています」

She's taking a picture.

「彼女は写真をとっています」

the girl with short hair「短い髪の女の子」についての質問であることに注意します。質問の〈be going to＋動詞の原形 (*do*)〉は「～しようとしている」という意味で、女の子がこれからどのような行動をとるかをたずねています。質問に合わせて、She's [She is] going to *do* の形で答えます。吹き出しの中で、女の子は写真をとっています。「写真をとる」は take a picture という決まった表現なので、このまま覚えておきましょう。「写真」は1枚と考えて a picture としてもよいですし、「何枚かの写真をとる」と考えて some pictures と複数形にすることもできます。

No. 4 What time did you go to bed last night?

「あなたは昨夜、何時に寝ましたか」

解答例

I went to bed at eleven (o'clock).

「私は11時に寝ました」

Eleven (o'clock).

「11時」

質問の What time は「何時に」、go to bed は「寝る」という意味で、昨夜何時に寝たかをたずねています。自分のことを答えるので、主語は I です。質問では did you go と過去形になっているので、解答でも go の過去形 went を用いて、I went to bed とする必要があります。最後に最も重要な情報である就寝時刻を入れますが、〈at＋時刻〉「～時に」の形を使います。

No. 5 Do you like to cook?
「あなたは料理をすることが好きですか」

解答例

○ Yes. と答えた場合 → Please tell me more. 「もっと説明してください」

これで完璧!

I sometimes cook dinner for my family.
「私は時々，家族に夕食を作ります」

もうひと息

Cook dinner for my family.
「家族に夕食を作りなさい」

○ No. と答えた場合 → Why not? 「なぜそうではないのですか」

これで完璧!

Cooking is too difficult for me.
「料理は私には難しすぎるからです」

もうひと息

Too difficult.
「難しすぎる」

応答のポイント

最初の質問では，cook「料理する」ことが好きかどうかをたずねているので，Yes (, I do). またはNo (, I don't). で答えます。

Yes. の場合のPlease tell me more. には，I often cook curry and rice. 「私はよくカレーライスを作ります」のように何を料理するかや，I usually cook lunch on weekends. 「私はふだん週末に昼食を作ります」のように，いつ，どれくらいの頻度で作るかなどを説明するといいでしょう。『もうひと息』の解答例のように主語をぬかしてしまうと，命令文になるので注意が必要です。

No. の場合のWhy not? は「なぜそうではないのですか」という意味で，ここでは料理が好きではない理由を答えます。解答例のほかに，I don't have time to cook. 「私には料理をする時間がありません」のような解答も考えられます。

面接委員が何を言っているか聞き取れなかったときの対処方法

リスニングに苦手意識があり，「面接委員が言っていることが理解できなかったらどうしよう」と不安になる方もいらっしゃるでしょう。みなさんにとって英語は外国語なので，相手の発話が理解できないことがあるのは当然です。まず，緊張しすぎることなく，リラックスして試験に臨むことが大切です。また，二次試験は一次試験のリスニングとはちがって"面接委員とのコミュニケーション"ですから，聞き取れない場合は聞き返すこともできます。その際に使う表現を覚えておきましょう。

（例1）"I beg your pardon?""Pardon me?""Pardon?""I'm sorry?" "Sorry?"
→ これらはいずれも文末を上昇調にします。気をつけたい点は，日本語で聞き返すときの「何とおっしゃいました?」「えっ?」と同じで，相手の発話のすぐ後で使う表現だということです。しばらく時間をおいてからこれらの表現を使うと不自然になります。

（例2）"Could you say that again, please?""Could you repeat it, please?"
→ いずれも「もう一度言っていただけますか」という意味で，例1よりもていねいな聞き方です。この表現も，相手の発話からあまり時間をおかずに使う必要があります。

これらの表現を覚えておくことは試験で役に立ちますが，使いすぎは要注意です。質問ごとに聞き返していたのでは，面接委員に「意図的に2回聞こうとしているのではないか」などと思われてしまう可能性もあります。
なお，英検S-CBTのスピーキングテストでもう一度質問を聞き直したいときは，「もう一度聞いてやりなおす」ボタンをおすと，再度質問されます。

Computer Games

There are many kinds of computer games. Many people play computer games at home, and some people enjoy playing online games with their friends. Playing computer games is a good way to relax.

Questions

No. 1 Please look at the passage. What do some people enjoy doing with their friends?

No. 2 Please look at the picture. Where are the cups?

No. 3 Please look at the woman. What is she doing?

Now, Mr. / Ms. —, please turn the card over.

Day 6

No. 4 What country would you like to visit in the future?

No. 5 Do you like to read books?
Yes.と答えた場合 → Please tell me more.
No.と答えた場合 → What are you planning to do
tonight?

パッセージ

There are 〜　〜がある
many kinds of 〜　たくさんの種類の
〜
online |ɑ(ː)nláin| 厖 オンラインの
way |wéi| 图 方法
relax |riláeks| 動 リラックスする

Questions

No.4 would like to do　〜したい
in the future　将来
No.5 tonight |tənáit| 副 今夜

71

Computer Games

① There are **many** kinds of **compúter** games(↘) .

many kinds of はひとまとまり

② **Many** people play **computer** games at **home**(↘), / /

homeの後はやや長めのポーズ

and **some** people **enjoy** playing **online** games(→) /

onlineを強めに

with their **friends**(↘) .

with their friends はひとまとまり

③ Playing **computer** games(→) / is a **good** way to

a good way はひとまとまり

relax(↘) .

ここに注意！

▶ 第1文のThere areは2語ですが, 音読ではこれら2語をつなげて「ゼアラー」のように発音します。

▶ games, kinds, friendsは複数形で, 最後はいずれも [z] の発音になります。単数形になってしまわないように, この部分までしっかりと発音しましょう。

▶ computer games, online gamesのように複数の語で1つのまとまった表現では, 意味的により重要な語となるcomputer, onlineの方をやや強めに読むようにします。

訳 **コンピューターゲーム**

たくさんの種類のコンピューターゲームがある。多くの人たちは家でコンピューターゲームをし, 友だちといっしょにオンラインゲームをして楽しむ人たちもいる。コンピューターゲームをすることは, リラックスする良い方法だ。

パッセージとイラストのポイント

コンピューターゲームについて紹介した英文です。第1文でたくさんの種類があること，第2文では人々がコンピューターゲームをどのように楽しむか，さらに第3文ではコンピューターゲームをするメリットが説明されています。

登場人物が3人いるので，それぞれどのような行動を取っているか（電話をかけている女性，テレビの前でコンピューターゲームをしている2人の男の子）をよく見ます。また，テーブルの上に2つのカップが置かれていることにも注意しましょう。

解答例と応答のポイント

No. 1

Please look at the passage. What do some people enjoy doing with their friends?

「パッセージを見てください。友だちといっしょに何をすることを楽しむ人たちがいますか」

解答例

They enjoy playing online games (with their friends).

「（友だちといっしょに）オンラインゲームをして楽しみます」

Playing online games (with their friends).

「（友だちといっしょに）オンラインゲームをすること」

質問の主語がsome peopleであることに注意します。質問に出てくるsome people enjoyは第2文に含まれていますが，前半のMany people play computer games at homeは主語がMany peopleで質問の内容に対応していないので，後半のsome people以降だけを答えます。また，質問の主語と重なるsome peopleは，代名詞の

They に置きかえます。

No. 2

Please look at the picture. Where are the cups?
「イラストを見てください。カップはどこにありますか」

これで
完璧！

They are on the table.
「テーブルの上にあります」

もう
ひと息

On the table.
「テーブルの上に」

質問はWhere「どこに」で始まっていて，cups「カップ」がある場所をたずねています。
解答では，質問の主語であるthe cupsを3人称複数の代名詞Theyに置きかえます。
動詞は，質問と同じareを使ってThey are [They're] ～とします。イラストでカップはテーブルの上にあるので，They areの後にon the tableを続けます。table「テーブル」と desk「机」を混同しないように注意しましょう。

No. 3

Please look at the woman. What is she doing?
「女性を見てください。彼女は何をしていますか」

これで
完璧！

She's talking on the phone.
「彼女は電話で話しています」

もう
ひと息

Talk on the phone.
「電話で話しなさい」

質問はWhat is she doing?という現在進行形なので，解答でも質問に合わせてShe's [She is] -ing の形にします。「電話で話す」はtalk [speak] on the phoneという表現なので，She's [She is] talking [speaking] on the phone. と答えます。『もうひと息』の解答例は，主語がぬけていて命令文になってしまっています。

No. 4
What country would you like to visit in the future?
「あなたは将来，どの国を訪れてみたいですか」

解答例

I'd like to visit France (in the future).
「私は（将来）フランスを訪れてみたいです」

もう
ひと息

France.
「フランス」

質問の〈What＋名詞〉は「何の〜」，in the futureは「将来」という意味で，ここでは将来どの国に行ってみたいかをたずねています。質問ではwould you like to visit が使われているので，解答でもI'd [I would] like to visit 〜の形にします。visitの代わりにgo to 〜を使って，I'd [I would] like to go to America.「アメリカに行きたいです」のように答えることもできます。France「フランス」やAmerica「アメリカ」のように，日本語でもカタカナで使われている国名が多くありますが，発音やアクセントは日本語と異なるので注意が必要です。例えば，Australia「オーストラリア」は，「オーストゥレイリア」のような発音になります。また，Germany |dʒəːrməni|「ドイツ」のように，カタカナが英語の音に基づいたものではない国名もあります。さらに，China |tʃaɪnə|「中国」のように，カタカナで表さない国名についても学習しておきましょう。

Day
6

75

Do you like to read books?

「あなたは本を読むことが好きですか」

● Yes. と答えた場合 → Please tell me more. 「もっと説明してください」

I read books every night.

「私は毎晩，本を読みます」

I read book every night.

「私は毎晩，本を読みます」

● No. と答えた場合 → What are you planning to do tonight? 「あなたは今夜何をする予定ですか」

I'm planning to watch a baseball game on TV.

「私はテレビで野球の試合を見る予定です」

Watch a baseball game on TV.

「テレビで野球の試合を見なさい」

応答のポイント

最初の質問にはread books「本を読む」ことが好きかどうかを，Yes(, I do). または No(, I don't). で答えます。Yes. の場合のPlease tell me more. には，解答例のように読書する頻度や，どのジャンルの本を読むことが好きかなどを説明します。bookは数えられる名詞なので，『もうひと息』の解答例ではbookの前にaをつけるかbooksと複数形にする必要があります。

No. の場合の質問にある〈be動詞＋planning to＋動詞の原形 (do)〉は「～する予定である」，tonightは「今夜」という意味で，今夜の予定を質問に合わせてI'm planning to do の形で答えます。

76

面接委員の先生に質問されてから, 答えるまでの時間

面接委員からの質問に答えるまでの時間は, 短いほうがスムーズにコミュニケーションが進みます。しかし, 日本語で会話をする場合もそうですが, 事前に予想していない質問をされた場合, 多少考える時間をとることは自然なことです。3級の二次試験の場合, 特にパッセージの内容に関するNo. 1では, 問題カードを見ながらどこに正解が含まれているか, 質問に合わせてどのような形で答えるかなどを考えなくてはなりません。ですから, 答えるまでに多少の間があいてしまっても, それほど心配することはありません。

どのくらいの間があくと減点になるかは, ひとことで言うことはできません。その時間が許容範囲であるのか, それとも不必要に長いのかは, その時々の状況によって異なるからです。したがって, 何秒以内に答えなくてはいけないなどと考えるよりも, 落ち着いて, より正確に答えようとする姿勢のほうが大切だと言えます。

Fishing

In Japan, there are many good places for fishing. Many people go fishing in rivers near their house, and some people try to catch big fish in the sea. Fishing in lakes is also popular.

Questions

 Please look at the passage. What do some people try to do in the sea?

 Please look at the picture. Where are the two bicycles?

 Please look at the girl. What is she doing?

Now, Mr. / Ms. —, please turn the card over.

 What sport do you like best?

 Do you like to travel?
Yes. と答えた場合 → Please tell me more.
No. と答えた場合 → Why not?

パッセージ
fishing |fíʃiŋ| 名 釣り
go fishing 釣りに行く
near |níər| 前 〜の近くの
try to *do* 〜しようとする
catch |kætʃ| 動 〜をつかまえる
lake |léik| 名 湖
also |ɔ́ːlsou| 副 〜もまた

Questions
No.2 bicycle |báisikl| 名 自転車
No.4 like 〜 best 〜が一番好きである
No.5 travel |trǽv(ə)l| 動 旅行する

Fishing

① In **Japan**(→) /, there are **many good** places for

manyとgood の両方を強調　　　places と for の間はポーズを置かない

fishing(↘) .

② **Many** people **go fishing** in **rivers near** their

go fishing と near their house はひとまとまり

house(↘) , / / and **some** people try to catch

try to catch big fish は続けて読む

big fish(→) / in the **sea**(↘) .

bigを強調　　　sea は「スィー」に近い発音

③ **Fishing** in **lakes**(→) / is **also pópular**(↘) .

Fishing in lakes はひとまとまり　　　popular は o にアクセント

ここに注意！

▶ places, rivers, lakes はいずれも複数形で s で終わっていますが, それぞれ [iz], [z], [s] と発音がちがいます。最後の音まで正確に発音するようにしましょう。

▶ 第2文のように長い英文の場合は特に, 意味のまとまりに注意して, どこでポーズを置くかを考えます。ここでは, Many people go fishing in rivers near their house と some people try to catch big fish in the sea の2つの大きなまとまりが, 接続詞の and「そして」によってつながっています。したがって, and の前では少し長めのポーズを置きます。

訳 **魚釣り**

日本には, 釣りに適した場所がたくさんある。多くの人は自分の家の近くにある川へ釣りに行き, 海で大きな魚を釣ろうとする人たちもいる。湖での釣りも人気がある。

● パッセージとイラストのポイント

fishing「魚釣り」が話題です。rivers「川」，the sea「海」，lakes「湖」と場所を表す語が3つ用いられています。それぞれの場所についてどんなことが書かれているかに注意しましょう。

川辺で魚釣りをしている男性2人，犬の散歩をしている女の子，さらには大きな木の下に自転車が2台描かれています。これらのうち，No. 2とNo. 3では何［だれ］についてたずねているかに注意する必要があります。

● 解答例と応答のポイント

No. 1
Please look at the passage. What do some people try to do in the sea?

「パッセージを見てください。海で何をしようとする人たちがいますか」

解答例

They try to catch big fish (in the sea).

「（海で）大きな魚を釣ろうとする人たちがいます」

もう
ひと息
They catch big fish.

「大きな魚を釣る人たちがいます」

質問では疑問詞のWhat「何を」とtry to do「～しようとする」に加えて，最後のin the sea「海で」を聞きのがさないようにします。第2文に正解が含まれていますが，前半のMany people ～ near their houseは質問の内容に対応していないので，後半のsome people以降だけを答えるようにします。また，質問の主語と重なるsome peopleは，代名詞のTheyに置きかえる必要があります。『もうひと息』の解答例では，動詞catch

の前に，パッセージと質問で使われているtry toがぬけているので，意味が少し変わってしまっています。

Please look at the picture. Where are the two bicycles?
「イラストを見てください。2台の自転車はどこにありますか」

They are under the tree.
「それらは木の下にあります」

Under the tree.
「木の下に」

応答のポイント

質問が疑問詞 Where「どこに」で始まっていることと，主語が two bicycles「2台の自転車」であることをしっかりと理解します。質問の主語は複数形なので，解答では代名詞のTheyに置きかえます。動詞は，質問と同じare「～がある」を使って答えます。自転車はどちらも木の下にあるので，under「～の下に」を使います。「木」はtreeですが，theを付け忘れないように注意しましょう。

Please look at the girl. What is she doing?
「女の子を見てください。彼女は何をしていますか」

解答例

She's walking her dog.
「彼女は犬を散歩させています」

She walks her dog.
「彼女は犬を散歩させます」

the girl「女の子」についての質問であることに注意します。解答では，the girlを代名詞のSheに置きかえます。質問がWhat is ～ doing?「～は何をしていますか」という現在進行形なので，解答でもShe's [She is] -ing の形を使います。女の子は犬を散歩させているので，walk「（動物）を散歩に連れて行く」を使って，She's [She is] walking her dog.「彼女は犬を散歩させている」とするのが一番自然な表現です（She's walking with her dog.「彼女は犬といっしょに歩いている」は英語としては成り立ちますが，イラスト内容からするとやや不自然）。犬は女の子が飼っている犬だと考えられるので，a dog ではなく her dog にします。

What sport do you like best?
「あなたはどのスポーツが一番好きですか」

解答例

I like soccer best.
「私はサッカーが一番好きです」

Soccer.
「サッカー」

sport「スポーツ」について聞かれています。質問の最後にあるlike bestを聞きのがさないようにし，自分が一番好きなスポーツが何であるかを答えます。〈主語＋動詞〉を入れて，I like ～ best. の形で答えることがポイントです。また，favorite「お気に入りの，大好きな」を使って，My favorite sport is volleyball.「私が一番好きなスポーツはバレーボールです」のような解答も考えられます。スポーツ名の多くは日本語ではカタカナで表記されますが，英語での発音やアクセントは大きく異なることがあるので注意が必要です。例えば，「バレーボール」はvolleyballですが，発音は「ヴァリーボー」に近いです。また，カタカナが使われていないスポーツには，「陸上」track and field，「卓球」table tennis などがあります。

No. 5

Do you like to travel?
「あなたは旅行をすることが好きですか」

● Yes. と答えた場合 → Please tell me more.「もっと説明してください」

 これで
完璧!

I enjoy seeing new places.
「私は新しい場所を見て楽しみます」

 もう
ひと息

I see new places.
「私は新しい場所を見ます」

● No. と答えた場合 → Why not?「なぜそうではないのですか」

 これで
完璧!

Traveling is expensive.
「旅行はお金がかかるからです」

 もう
ひと息

Expensive.
「お金がかかる」

最初の質問では，travel「旅行する」ことが好きかどうかを聞いているので，Yes (, I do). またはNo (, I don't). で答えます。Yes. の場合のPlease tell me more. には，旅行が好きな理由や，旅行のときにすることを説明するとよいでしょう。また，I often visit Hokkaido with my family.「私は家族とよく北海道へ行きます」のように，具体的にどこへ旅行に行くか［行ったか］を答えることもできます。

No. の場合のWhy not?は「なぜそうではないのですか」という意味で，ここでは旅行が好きではない理由を答えます。解答例のほかに，Because I feel tired after traveling.「旅行の後につかれるからです」のような解答も考えられます。

面接試験中の声の大きさや，アイコンタクトについて

面接室には面接委員と受験者の2人しかいませんし，2人の距離もそれほど離れているわけではありません。ですから，特に大きすぎたり小さすぎたりせず，相手に届く程度の音量が適切だとお考えください。

アイコンタクトとは，会話をするときに相手と視線を合わせる，つまり相手の目を見ながら話すということです。これは，特に英語圏でのコミュニケーションにおいては大切なことです。視線をそらして話すと，本当はその人と話をしたくないといったサインを送ることにもなりかねません。ただし3級の面接試験では，No. 1はパッセージ，No. 2とNo. 3はイラストに関する質問なので，このときは問題カードを見ながら答えることになります。アイコンタクトをとる必要があるのは，最初のあいさつや，自分自身のことについて答えるNo. 4とNo. 5のときです。No. 3の後にカードを裏返すように指示されますので，ここで気持ちを切りかえて，面接委員とアイコンタクトをとりながら話すようにしましょう。

英検S-CBTのスピーキングテストでは，画面上に表示される音量を意識しながら答えるようにしましょう。

3級　面接試験の学習方法

ここでは，本書の効果的な活用法に加え，そのほかの教材を利用した面接試験の学習方法を紹介します。どのような教材でも，その使い方によって効果に差が出てきます。面接試験に合格するために適した学習方法を身につけるようにしましょう。

本書の学習をひととおり終えたら，次のことを行ってみてください。

● 本書の効果的な活用法

1 各Dayの復習

各問題について，自分の解答と『これで完璧！』の解答を比べて，何が足りなかったのか，または余分だったのか，どこがまちがっていたのかなどを考えてみてください。その際，解説中の必要なところにラインマーカーで線を引くなどして，再度見直すときのためにわかりやすくしておきましょう。

2 音読練習

各Dayの『音読の攻略』ページと音声を参考にして，何度も音読の練習をしましょう。単語の発音やアクセントの位置，英文を読むときのイントネーション，ポーズを置く場所などに注意することが大切です。

3 語句・構文のチェック

各Dayの『重要語句』やp. 88以降の『3級 面接 重要構文・語句』を発音しながら学習し，使える表現を増やしていきましょう。

4 評価のポイントを理解

面接試験では，「音読」「Questionsの応答」「アティチュード」の3つが評価の柱になります。「アティチュード」についてはp. 13を読んで，面接委員が具体的にどのような点をチェックしているのか知っておくことが大切です。

5 面接試験の全体的な流れを把握

試験当日までに，p. 14 〜 p. 17の『面接試験の流れ』を読んで，入室から退室まで，面接試験がどのように進んでいくのかを理解しておきましょう。付属の動画を見ることで，実際の面接試験の雰囲気を把握することもできます。

また，英検S-CBTのスピーキングテストについては，p. 20 〜 p. 21の説明を読んで注意点を把握し，ウェブ模試 (p. 9) で体験してみましょう。

▶ そのほかの教材を使った学習方法

面接試験では，「読む」（パッセージの理解と音読），「聞く」（面接委員の質問理解），「話す」（質問に対する応答）の3つの力が必要になります。そこで，これらの力を日ごろの学習で身につけるために，本書以外の教材を使った学習方法をいくつか紹介します。

3級のリスニング問題を「読む」

過去に出題された3級リスニングの第3部の放送文（35語前後の英文）を用意し，それをできるだけ速く黙読（声に出さずに読むこと）する練習を行います。面接カードに合わせて，30語強を20秒で読み切るペースを目安にしてください。黙読の際は，左から右へ意味のまとまりごとに英文を理解するように心がけ，後もどりしないように注意します。黙読の後に和訳を見て，自分がどの程度理解できていたかをチェックします。あわせて，同じ英文を使って音読練習もしましょう。

ラジオ・テレビの英語放送を「聞く」

ふだんから定期的に英語を聞く時間を作ることが大切です。その際，自分のレベルに合った教材を選ぶようにしましょう。3級面接の対策用には，中学校初級〜中級レベルのラジオやテレビの英語講座が適しています。最初は，テキストを見ないで全体を聞いて，概要を把握する練習をします。英文を読むときと同じで，意味のまとまりを意識しながら，聞こえてきた順番で英語を理解することが大切です。何度かくり返し聞いた後に，聞き取れなかった部分を中心にテキストで確認しましょう。

教材で学習した表現を使って「話す」

上記の3級の過去問，ラジオ・テレビの英語放送や，中学校の教科書に出てきた表現を使って，自分のことを簡単に説明する練習をします。例えば，be interested in 〜「〜に興味がある」という表現を学習したら，自分が興味のある [ない] ことを，I'm interested in Japanese history.「私は日本の歴史に興味があります」やI'm not interested in science fiction movies.「私はSF映画に興味がありません」のように，実際に声に出して言ってみましょう。

3級 面接 重要構文・語句

二次試験のNo. 4とNo. 5では，自分の好きなことやしたいと思っていること，過去にしたこと（経験）やこれからの予定などについてたずねられます。以下に，No. 4とNo. 5の解答で役に立つ表現をまとめました。これらの意味を覚えるとともに，音声を確認し，いつでも使えるようにしておきましょう。

なお，「～」には名詞が，「*do*」には動詞の原形が入ることを示します。

● 重要構文

▶ 好きなことを表す

～が好きです	I like ～
～することが好きです	I like to *do*
私が好きなスポーツは～です	My favorite sport is ～
	❗ My favorite *A* is *B*で「私の好きなAはBです」

▶ これからしたいことを表す

～したいです	I want to *do*
～したいです	I'd [I would] like to *do*
	❗ I want to *do*よりもていねいな表現

▶ 予定・計画を表す

～するつもりです	I'm going to *do*
～する予定です	I'm planning to *do*

● 重要語句

教 科	subject	64
国語	Japanese (language)	
社会	social studies	
数学	math [mathematics]	
理科	science	
音楽	music	

美術	art
保健体育	health and physical education
	ⓘ physical education「体育」は P.E. と略記されることが多い。
技術・家庭	technology and home economics
外国語	foreign languages

sport 🎧65

バドミントン	badminton
野球	baseball
バスケットボール	basketball
柔道	judo
サッカー	soccer
水泳	swimming
卓球	table tennis
テニス	tennis
陸上	track and field
バレーボール	volleyball

season 🎧66

春	spring
夏	summer
秋	fall [autumn]
冬	winter

TV program 🎧67

お笑い番組	comedy show
ドラマ	drama
音楽番組	music show
ニュース番組	news program
クイズ番組	quiz show
スポーツ番組	sports program
バラエティー番組	variety show

本	book	
冒険小説 _{ぼうけん}	adventure novel	
マンガ	comic	
ファンタジー小説	fantasy	
歴史小説	historical novel	
推理小説	mystery	
ノンフィクション	nonfiction	
恋愛小説 _{れんあい}	romance novel	
SF［空想科学］小説	science fiction	

本　book

冒険小説（ぼうけん）— adventure novel
マンガ — comic
ファンタジー小説 — fantasy
歴史小説 — historical novel
推理小説 — mystery
ノンフィクション — nonfiction
恋愛小説（れんあい）— romance novel
SF［空想科学］小説 — science fiction

映画　movie[film]

アクション映画 — action movie
アニメ映画 — animated movie
ファンタジー映画 — fantasy movie
ホラー映画 — horror movie
恋愛映画（れんあい）— romance movie
SF映画 — science fiction movie
サスペンス映画 — suspense movie

音楽　music

クラシック — classical music
ダンスミュージック — dance music
ヒップホップ — hip-hop (music)
ジャズ — jazz
ポピュラー音楽 — pop music
ロック — rock (music)

場所　

遊園地 — amusement park
水族館 — aquarium
美術館 — art museum
海辺 — beach
書店 — bookstore

コンビニ	convenience store
デパート	department store
ファストフード店	fast-food restaurant
図書館	library
映画館	movie theater
競技場［スタジアム］	stadium
スーパー	supermarket
レンタルビデオ店	video rental shop

放課後	after school
夕食後	after dinner
朝に［午前中に］	in the morning
午後に	in the afternoon
夜に	at night
今夜	tonight
昨夜	last night
今日	today
昨日	yesterday
明日	tomorrow
（毎）週末に	on weekends
今週末	this weekend
先週末	last weekend
来週末	next weekend
春休みの間	during the spring vacation
夏休みの間	during the summer vacation
冬休みの間	during the winter vacation
いつも	always
よく［頻繁に］	often
時々	sometimes

柔道部に所属している	be in [belong to] the judo club

❶「～部に所属している」は be in [belong to] the ～ club

休み時間	break
授業	class
クラスメート	classmate
教室	classroom
部活動	club activity
英語の宿題をする	do my English homework

❶「(教科名) の宿題をする」は do my ～ homework

試験	examination [test]
修学旅行に行く	go on a school trip
数学の先生	math teacher

❶「(教科名) の先生」は～ teacher

文化祭	school festival
(学校の) 体育館	(school) gym
体育祭	sports day
英語のテスト勉強をする	study for the English test

❶「(教科名) のテスト勉強をする」は study for the ～ test

自分の部屋をそうじする	clean my room

❶「(場所) をそうじする」は clean ～

朝食を作る	cook [make] breakfast

❶「(料理) を作る」は cook [make] ～

朝食	breakfast
昼食	lunch
夕食	dinner
皿洗いをする	do the dishes
洗濯をする	do the laundry
起床する	get [wake] up

寝る	go to bed
誕生日パーティーを開く	have [hold] a birthday party
ピアノのレッスンがある	have a piano lesson
	❗「～のレッスンがある」は have a ～ lesson
日記をつける	keep a diary
インターネットで情報を探す	look for information on the Internet
お菓子を作る	make sweets
ケーキを作る	make a cake
クッキーを作る	make cookies
風呂に入る	take a bath
シャワーを浴びる	take a shower
ペットの世話をする	take care of [look after] my pet
バイオリンの練習をする	practice (playing) the violin
	❗「（楽器）の練習をする」は practice (playing) the ～
新聞を読む	read a newspaper
	❗「～を読む」は read ～
テレビを見る	watch TV
	❗「～をテレビで見る」は watch ～ on TV
自分の友だちに会う	meet my friends
Eメールを送る	send an e-mail
電話で話す	talk on the phone
手紙を書く	write a letter

🎧75

気分がよくない	be not feeling well
病気で寝ている	be sick [ill] in bed
風邪を引く	catch a cold
風邪を引いている	have a cold
自分の健康のために	for my health
医者に診てもらう	see a doctor

絵を描く ・・・・・・・・・・・・・・・ draw pictures

ジョギングに行く ・・・・・・・・・・・ go jogging

音楽を聞く ・・・・・・・・・・・・・・・ listen to music

ラジオを聞く ・・・・・・・・・・・・・ listen to the radio

コンピューターゲームをする ・・・・・・ play computer games

キャッチボールをする ・・・・・・・・ play catch

テニスをする ・・・・・・・・・・・・・ play tennis

読書する ・・・・・・・・・・・・・・・・ read books

ネットサーフィンをする ・・・・・・・ surf the Internet

写真をとる ・・・・・・・・・・・・・・・ take pictures [photos]

コンピューターを使う ・・・・・・・・ use a computer

（DVDで）映画を見る ・・・・・・・・ watch movies (on DVD)

レストランで食事をする ・・・・・・・ eat at a restaurant

外食する ・・・・・・・・・・・・・・・・ eat out

映画を見に行く ・・・・・・・・・・・・ go to see a movie

キャンプに行く ・・・・・・・・・・・・ go camping

ハイキングに行く ・・・・・・・・・・ go hiking

スキーに行く ・・・・・・・・・・・・・ go skiing

泳ぎに行く ・・・・・・・・・・・・・・ go swimming

旅行に行く ・・・・・・・・・・・・・・・ go on a trip

コンサートに行く ・・・・・・・・・・・ go to a concert

散歩に出かける ・・・・・・・・・・・・ go for a walk

散歩する ・・・・・・・・・・・・・・・・ take a walk

外国へ旅行に行く ・・・・・・・・・・・ travel abroad

北海道へ旅行に行く ・・・・・・・・・ travel to Hokkaido

❗「（場所）へ旅行に行く」は travel to ～

自分の祖父母を訪ねる ・・・・・・・・ visit my grandparents

❗「（人）を訪ねる」は visit ～

洋服を買う	buy clothes
値段が安い	cheap
値段が高い	expensive
買い物に行く	go shopping
～を探す	look for ～

自転車	bike
バス	bus
車	car
電車	train
車で	by car

❶「（交通手段）で」は by ～

バスに乗る	take a bus

❶「（交通手段）に乗る」は take a ～

徒歩で通学する	walk to school

俳優	actor
女優	actress
画家，芸術家	artist
料理人	cook
医者	doctor
ミュージシャン	musician
看護師	nurse
歌手	singer
教師	teacher

兄	older [elder] brother
弟	younger brother
姉	older [elder] sister
妹	younger sister
おじ	uncle
おば	aunt
祖父	grandfather
祖母	grandmother
祖父母	grandparents